물 아저씨 과학 그림책 14

물 아저씨와 몸속 탐험

2016년 12월 30일 1판1쇄 발행 | 2025년 3월 15일 1판21쇄 발행

글·그림 | 아고스티노 트라이니   옮김 | U&J
펴낸이 | 나성훈   펴낸곳 | (주)예림당
등록 | 제2013-000041호   주소 | 서울시 성동구 아차산로 153
구매 문의 전화 | 561-9007   팩스 | 562-9007
책 내용 문의 전화 | 3404-9228
http://www.yearim.kr

책임 개발 | 박효정 / 서인하 문새미   디자인 | 이정애   콘텐츠 제휴 | 문하영
제작 | 신상덕 / 박경식   마케팅 | 임상호 전훈승

ISBN 978-89-302-6783-0 74400
ISBN 978-89-302-6857-8 74400(세트)

이 책의 한국어판 저작권은 (주)예림당과 Atlantyca S.p.A.사와의 독점 계약으로 (주)예림당에 있습니다.
저작권법에 의해 한국 내에서 보호를 받는 저작물이므로 무단 전재와 복제를 금합니다.

All names, characters and related indicia contained in this book, copyright of Edizioni Piemme S.p.A.,
are exclusively licensed to Atlantyca S.p.A. in their original version. Their translated and/or adapted
versions are property of Atlantyca S.p.A. All rights reserved.
Text and illustrations by Agostino Traini

©2015 Edizioni Piemme S.p.A., Palazzo Mondadori – Via Mondadori, 1 – 20090 Segrate
©2016 for this book in Korean language – YeaRimDang Publishing Co., Ltd.
International Rights   Atlantyca S.p.A. - foreignrights@atlantyca.it – www.atlantyca.com
Original Title: IL FANTASTICO VIAGGIO NEL CORPO UMANO
Translation by: 물 아저씨와 몸속 탐험

No part of this book may be stored, reproduced or transmitted in any form or by any means, electronic
or mechanical, including photocopying, recording, or by any information storage and retrieval system,
without written permission from the copyright holder. For information address Atlantyca S.p.A.

물 아저씨 과학 그림책 14

물 아저씨와 몸속 탐험

글·그림 아고스티노 트라이니

아고가 끙끙 앓고 있어요. 열이 펄펄 나고 식은땀이 줄줄 났지요.
의사 선생님이 아고를 진찰하러 달려왔어요.
"감기에 걸린 거니까, 푹 쉬면서 물을 많이 마셔야 해.
물이 아고의 몸을 깨끗하게 해 줄 거야."

의사 선생님이 돌아가자, 피노가 곧장 물 아저씨를 데려왔어요.
"아고, 이제 걱정 마! 내가 도와주러 왔으니까."
물 아저씨가 든든하게 말했어요.
"얼른 낫고 싶어요. 침대에만 누워 있으니까 정말 답답해요."

아고는 발갛게 달아오른 얼굴로 물 아저씨를 반겼지만,
어떻게 감기를 낫게 해 주겠다는 건지는 알 수가 없었어요.
"아저씨가 정말 열을 내려 줄 수 있어요?"

땀이 정말 많이 나네!

안됐어, 정말.

"일단 나부터 마셔 봐. 내가 네 몸에 들어가서
무슨 일이 벌어지고 있는지 모두 이야기해 줄게!"
아고는 물 아저씨가 시키는 대로 물 한 잔을 쭉 들이켰어요.

물 아저씨는 미끄러지듯 아고의 혀를 지나 식도로 들어갔어요.
"아고, 내 목소리 들려? 지금 식도를 쏜살같이 내려가고 있어."
아고의 몸속에서 물 아저씨의 목소리가 웅웅 울렸어요.

친구들은 물 아저씨의 목소리를 더 잘 들으려고
아고 주위로 모여들었어요.
"이제 배 속이야. 정확하게는 위에 도착했어.
열이 나면 소화가 잘 안 되기도 하거든. 좀 보고 갈게."

물 아저씨는 위에서 위액 친구들을 만났어요.
위액 친구들은 조금 전에 먹은 간식을 잘게 부수어 소화시키고 있었지요. 그런데 물이 부족해서 무척 힘들어 보였어요.

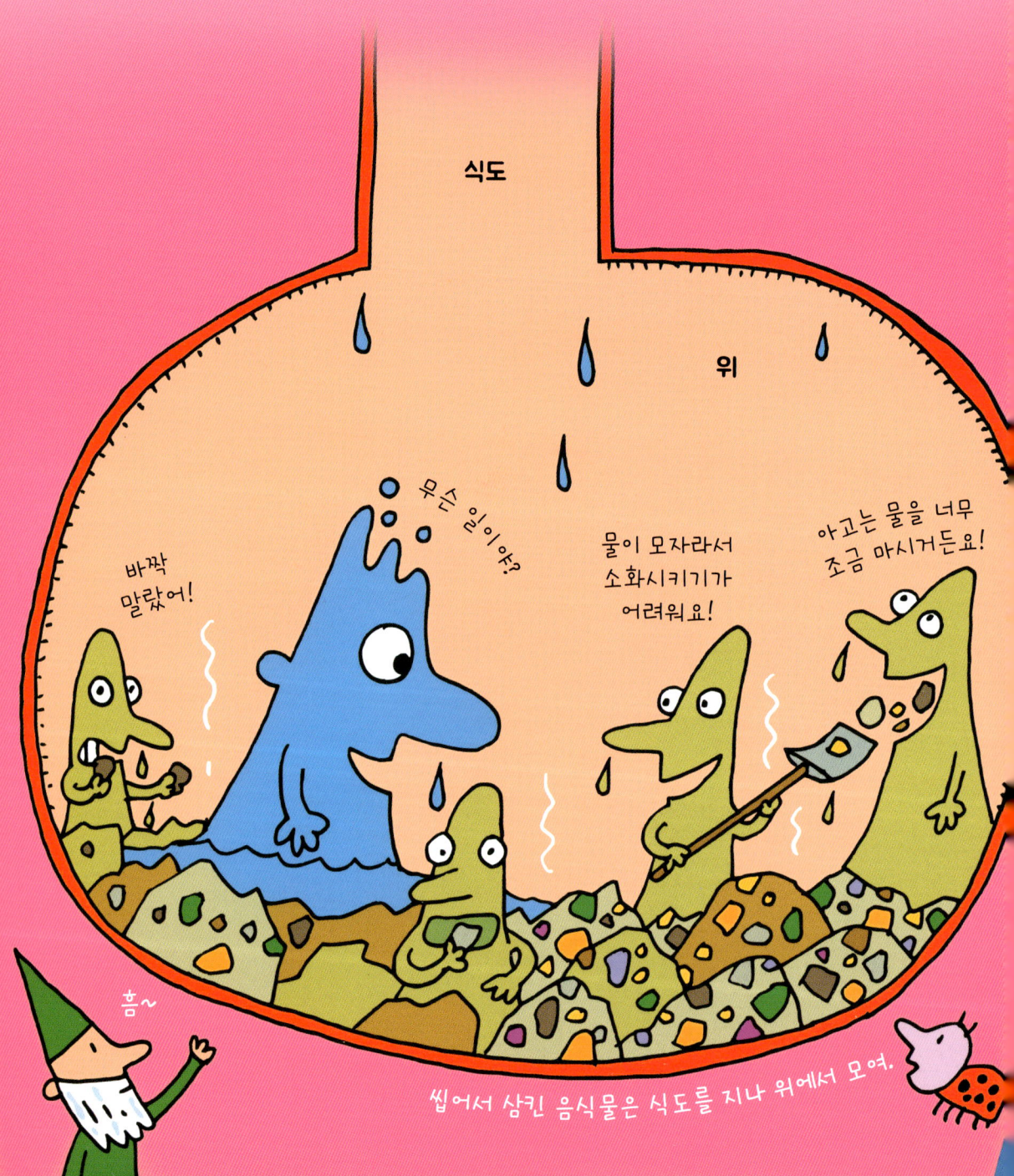

씹어서 삼킨 음식물은 식도를 지나 위에서 모여.

"아고, 네 몸속을 청소하려면 물이 더 필요해.
아까 간식을 너무 많이 먹었나 봐!"
물 아저씨가 아고의 배 속에서 소리쳤어요.

"그래요? 그럼 물을 많이 마셔야겠네요?"
아고는 커다란 컵에 담긴 물을 벌컥벌컥 단숨에 들이켰어요.
그런데 에구구, 아고가 쉴 새 없이 기침을 했어요.
콜록콜록, 캑캑! 물이 다른 곳으로 잘못 넘어갔거든요.

괜찮아?

탁! 탁!

물이 기도로 못 들어가게 기침이 나는 거야.

허파 허파

기도

"그렇게 급하게 마시면 물이 식도가 아니라 기도로 들어갈 수도 있어. 허파와 연결된, 공기가 드나드는 길 말이야."
물 아저씨가 있는 위에도 갑자기 물이 쏴 쏟아져 내렸어요.

조심해!

이크!

쏟아져 내린 물에 정신 없이 음식물을 소화시킨 위액 친구들은 완전히 지쳐 버렸어요. 아고가 물을 적당히 마셨더라면, 위액 친구들이 덜 힘들었을 거예요.

저녁 먹을 때까지 기다리자.

물 아저씨는 걸쭉해진 음식물을 아래로 내려보내며,
위액 친구들과 작별 인사를 나누었어요.
"물 아저씨, 이제 어디로 가요?"
"좀 더 아래로 내려갈 거야. 조금 이따가 봐."
물 아저씨가 아고의 배 속이 쩌렁쩌렁 울리도록 대답했어요.

물 아저씨는 음식물과 함께 구불구불한 창자에 도착했어요.
기다란 창자가 꿀렁일 때마다 음식물이 움직였지요.
"물 아저씨, 이제 어디 있어요?"

"아주 긴 창자를 지나고 있어! 여길 지나는 동안 음식물 속의 영양분과 물은 창자벽으로 흡수되고, 남은 건 고약한 냄새가 나는 똥이 될 거야."

"창자벽으로 흡수되면 어디로 가는데요?"
"피가 되어 심장으로 흘러들어. 심장이 펌프질을 하면 핏줄을 따라 온몸 구석구석으로 보내지지."

"피라고요? 그럼 빨갛게 변한 거예요?"
"피는 그냥 빨간색 물이 아니야. 중요한 것들이 많이 들어 있어. 몸속을 흘러 다니며 몸에 필요한 산소와 영양분을 세포에 나누어 주는 거야."

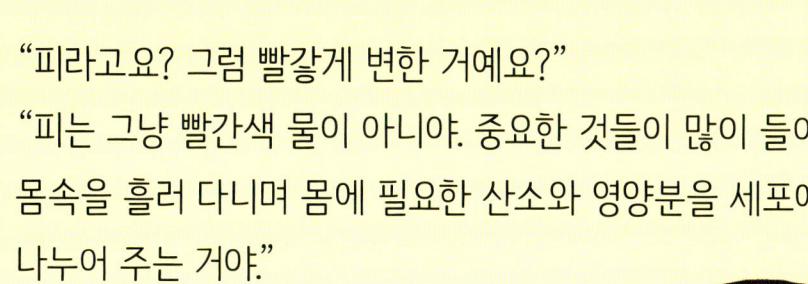

아고는 몸속 어디에나 물 아저씨가 있다는 게 느껴졌어요.
"아저씨, 이제 어떻게 밖으로 나올 거예요?"
"음~ 우선 콩팥으로 가야겠다."
물 아저씨의 목소리가 아고의 아랫배에서 들려왔어요.

피노는 책을 가져와 콩팥에 대해 찾아보았어요.
"콩팥은 핏속에 남아 있는 더러운 찌꺼기를 걸러 내서 오줌으로 내보낸대. 오줌은 방광에 모였다가 밖으로 나오고."
피노가 또박또박 읽어 주었어요.

조금 뒤에 보자!

같은 강낭콩처럼 생겼네.

"어, 잠깐만요, 신호가 왔어요!"
"하하하, 내가 방금 방광에 도착했거든. 이제 오줌으로 나갈 준비가 됐어!"
아고는 서둘러 화장실로 갔어요.

나도 같이 가고 있어.

쉬~! 아고가 시원하게 오줌을 누자 물 아저씨가 보였어요.
좀 노랗긴 했지만요.
"네 몸을 깨끗이 청소하느라 노란색이 됐어. 물을 많이 마시면
오줌 색이 연해질 거야."

"물이 몸 밖으로 나오는 방법은 여러 가지야. 오줌과 똥으로 제일 많이 나오지만, 땀이나 눈물로도 나와. 숨쉴 때도 나오지. 그래서 매일매일 순간마다 물이 필요해."
"몸에 물이 모자라면 어떻게 돼요?"

"물이 없으면 음식물에 든 영양분을 흡수하기 힘들고 영양분을 필요한 곳에 보낼 수도 없어. 그러니까 건강하려면 물을 자주 마시고 과일과 채소도 많이 먹어야 해."
"물 아저씨는 우리 몸에 꼭 필요하네요!"

이제 아고는 매일 아침 일어나 물 한 잔을 마셔요.
강아지 도토도 함께요. 그리고 화분에도 물을 듬뿍 주지요.
"아고, 잘했어. 살아 있는 모든 친구들은 물이 필요하거든."
물 아저씨가 아고를 칭찬했어요.

야고와 함께하는 신나는 과학 실험

차근차근 따라 해 보세요!
그동안 알지 못했던 재미있고 흥미진진한
사실들을 알게 될 거예요.

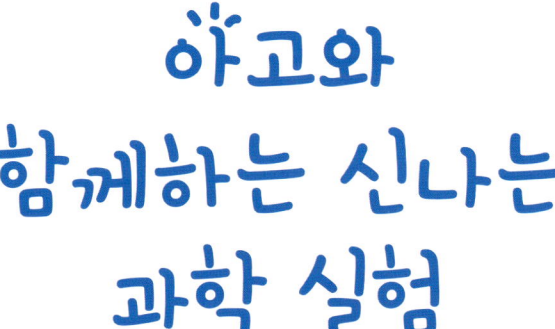

새콤달콤 과일 주스

준비물

- 착즙기
- 레몬과 오렌지
- 과일 자르는 칼
- 물
- 컵 여러 개
- 목이 마른 친구들

난이도

1 오렌지와 레몬을 손으로 조물조물 눌러요. 그러면 즙이 더 많이 나와요.

2 레몬을 반으로 잘라요.

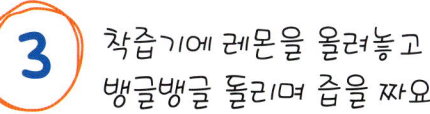

3 착즙기에 레몬을 올려놓고 뱅글뱅글 돌리며 즙을 짜요.

4 컵에 레몬즙과 물을 반씩 넣어 섞으면 맛있는 레몬주스 완성!

5 레몬즙과 오렌지즙을 섞어서 마셔도 돼요. 물을 넣어도 되고 넣지 않아도 되지요. 다른 과일로 다양한 주스를 만들어 봐요!

물은 우리 몸의 70퍼센트를 차지해요. 물을 마시지 못하면 목숨을 잃을 수도 있지요. 땀을 많이 흘리는 여름에는 물이 더 필요해요. 물도 많고 달콤한 수박으로 수분을 보충하면 좋겠지요?

졸졸졸 맑은 물

준비물

 키친타월

 유리컵 2개

 물

 흙, 커피, 잉크 등

 두꺼운 책

난이도

1 키친타월 두 장을 말아서 길게 꼬아요.

2 유리컵 하나에 물을 채우고, 흙이나 커피, 잉크 등을 섞어서 더럽게 만들어요.

3

물이 들어 있는 컵을 두꺼운 책 위에 올려놓아요. 책 옆 낮은 곳에는 빈 컵을 놓아요. 꼬아 둔 키친타월의 양쪽 끝을 두 컵에 각각 넣어요.

4

이제 조금 기다려요. 키친타월이 높은 곳의 더러운 물을 흡수해 천천히 아래쪽 빈 컵에 옮겨 줄 거예요.

5

몇 시간 뒤, 빈 컵에 맑은 물이 채워져 있을 거예요. 더러운 물이 키친타월을 통과하며 깨끗하게 걸러졌어요.

우리 몸에서도 비슷한 일이 일어나요. 콩팥은 몸에 필요 없는 물질은 오줌으로 버리고 깨끗한 물은 다시 몸속으로 돌려보내요.

아고스티노 트라이니는 누구일까요?

저는 1961년에 태어났어요. 어렸을 때는 몰랐어요.

커서 그림책을 만드는 사람이 될 줄 말이에요.

한 권의 책을 만들려면 먼저 좋은 생각이 떠올라야 해요.

보통은 재미있는 등장인물들이 머릿속에 떠올라요.

엉뚱한 상황들도요.

하지만 가끔은 아무 생각도 나지 않을 때가 있어요!

생각이 떠오르면 그림을 그리기 시작해요. 먼저 연필로 그린 다음, 검은색 잉크로 다시 그려요.

그런 다음, 모든 장면을 색칠해요. 붓과 물감을 쓰기도 하고

컴퓨터로 작업할 때도 있어요. 이 책은 컴퓨터로 만들었어요.

이 모든 작업이 끝나면 인쇄해서 책이 완성됩니다. 정말 행복한 순간이지요!

Agostino Traini

아래의 주소로 저에게 이메일을 보낼 수 있어요.
agostinotraini@gmail.com

물 아저씨 과학 그림책

과학 공부의 시작은 물 아저씨와 함께! 세상 곳곳의
신기한 과학 현상을 배우며 지적 호기심을 가득 채워 보세요!

글·그림 아고스티노 트라이니 | 175×240mm | 32~48쪽

    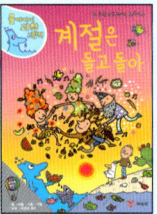 

 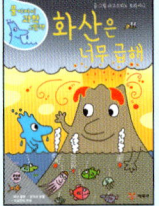 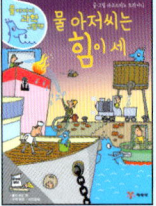   

    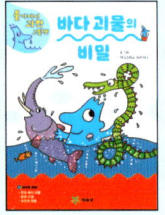 

1 **물** 아저씨는 변신쟁이
2 **공기** 아줌마는 바빠
3 **해** 아저씨는 밤이 궁금해
4 키다리 **나무** 아저씨의 비밀
5 **계절**은 돌고 돌아
6 물 아저씨와 **감각** 놀이
7 알록달록 **색깔**이 좋아
8 **화산**은 너무 급해
9 물 아저씨는 **힘**이 세
10 **농장**은 시끌벅적해
11 바람 타고 **세계** 여행
12 **불** 아저씨는 늘 배고파
13 **폭풍**은 이제 그만
14 물 아저씨와 **몸속** 탐험
15 옛날에 **공룡**이 살았어
16 **파도**가 철썩 지구가 들썩
17 **바다 괴물**의 비밀